어린이에게 기쁨을 주는 좋은 책을 만들겠습니다.

이 책의 내용을 교과서에서도 찾아 보세요!

국어 1-2
3. 문장으로 표현해요

국어 2-1
2. 자신있게 말해요
5. 낱말을 바르고 정확하게 써요
6. 차례대로 말해요
7. 친구들에게 알려요

국어 2-2
6. 자세하게 소개해요
11. 실감나게 표현해요

국어 3-1
4. 내 마음을 편지에 담아

도덕 3-1
4. 아껴 쓰는 우리

국어 3-2
6. 마음을 담아 글을 써요

나도 이제 초등학생 8

"내 물건"은 내가 챙겨야 한다고?

초등학교 저학년 학생들의 적응을 도와주고 고민도 해결해 주는 실용 동화책입니다.
또래 친구들이 겪는 재밌는 이야기와 학교생활의 비법이 담겨 있어요.
매일 아침, 학교 가는 길이 행복해질 거예요!

나도 이제 초등학생 8
내 물건은 내가 챙겨야 한다고?

초판 발행 2021년 03월 10일
초판 6쇄 2022년 12월 15일

글	임선경
그림	찌아
발행인	이진곤
발행처	씨앤톡
임프린트	리틀씨앤톡
출판등록	제 313-2003-00192호(2003년 5월 22일)
주소	경기도 파주시 문발로 405 제2출판단지 활자마을
전화	02-338-0092
팩스	02-338-0097
홈페이지	www.seentalk.co.kr
E-mail	seentalk@naver.com
ISBN	978-89-6098-686-2 74810
	978-89-6098-217-8 74810 (세트)

· 본 책은 저작권법에 의해 보호를 받는 저작물이므로 무단 전재와 복제를 금합니다.
· KC마크는 이 제품이 공통안전기준에 적합하였음을 의미합니다.

모델명 | 내 물건은 내가 챙겨야 한다고? 제조년월 | 2022.12.15 제조자명 | 씨앤톡 제조국명 | 대한민국
주소 | 경기도 파주시 문발로 405 제2출판단지 활자마을 전화번호 | 02-338-0092 사용연령 | 7세 이상

리틀씨앤톡은 씨앤톡의 어린이 브랜드입니다.

내 물건은 내가 챙겨야 한다고?

글 임선경 | 그림 찌아

리틀 씨앤톡

들어가기 전

내 물건은 내가 챙겨요

　초등학교에 입학하면서 내 물건이 많아졌죠?
　책가방, 보조 가방, 연필, 지우개, 색연필, 크레파스처럼 학교에서는 필요한 물건이 많아요. 이 물건들은 내가 직접 책임지고 잘 챙겨야 해요.
　운동장에 나갈 때는 교실에서 신는 실내화를 벗어 보조 가방이나 실내화 주머니에 잘 넣어 둬야 해요. 이때 실내화를 아무 데나 벗어 두면 다른 친구들이 밟거나 찰 거예요. 그러면 어느 순간 뽕! 하고 실내화가 사라져 버릴지도 몰라요.
　연필, 지우개, 필통 같은 학용품도 잃어버리지 않도록 조심해야 해요. 그러기 위해서는 내 물건에 이름을 잘 써 놓아야 해요. 잃어버리더라도 친구가 줍는다면 내 이름을 보고 쉽게 찾아 줄 수 있잖아요.

아무 데나 옷을 벗어 두고 이름도 안 쓴 지우개를 떨어트리면 어느새 내 물건은 한 개도 남아 있지 않을 거예요. 내 물건이 교실 바닥이나 운동장에서 먼지를 뒤집어쓰고 굴러다닌다면 너무 슬프지 않을까요?

이 이야기의 주인공 시은이는 단짝 친구 소율이가 준 곰돌이 방울끈을 잃어버려요.

방울끈을 찾기 위해 교실 바닥을 살펴보고 책상 서랍도 뒤져 보다가 생각지 못했던 것들을 찾게 돼요. 무엇이었을까요?

과연 시은이는 곰돌이 방울끈을 찾을 수 있을까요?

시은이와 함께 내 물건을 왜 소중히 다뤄야 하는지, 그리고 어떻게 하면 내 물건을 안 잃어버릴지 함께 알아봐요.

작가의 말

내 물건은 나와 함께 추억을 쌓아 가요

학교 다닐 때, 무려 5년 넘게 쓴 샤프펜슬이 있어요. 처음에는 예쁜 보라색이었는데 시간이 지날수록 색이 바래서 회색과 비슷해졌죠. 하도 오래 써서 샤프펜슬을 잡으면 손가락 닿는 부분이 움푹 들어가 버렸지만, 그게 오히려 내 손에 딱 맞아서 글씨 쓰기에 더 편했어요. 공부할 때는 언제나 그 샤프펜슬을 썼는데요, 언제부터인가 그 샤프펜슬이 없으면 집중이 잘 안 되기도 했어요. 문구점에서 싸게 살 수 있는 샤프펜슬이었지만 잃어버릴까 봐 엄청 신경을 썼던 기억이 나요.

세상에는 정말 많은 샤프펜슬이 있어요. 아주 비싼 것도 있고 특이하고 예쁜 것도 많죠. 누구나 탐낼 만큼 좋은 것도 많아요. 그것들에 비해 내 샤프펜슬은 평범했지만 나에게는 무척 특별했어요. 내 샤프펜슬은 책에 밑줄을 긋고 공책에 글씨를 쓰고 그림을 그렸던 시간을 나와 같이했어요. 내가 노력하는 모습, 즐거워하는 모습, 힘들어하는 모습도 가장 가까운 곳에서 봐 주었죠.

내 물건이 소중한 이유는 그 물건이 '내 것'이기 때문이에요. 내 곁에서 나와 함께 같은 걸 보고, 듣고, 겪었기 때문에 특별한 물건이 되는 거예요. 학용품, 옷, 장난감 모두 다 마찬가지예요. 내가 아껴 주면 아껴 주는 만큼 더 의미가 큰 물건이 되거든요. 또 물건에는 그 물건을 준 사람의 마음이 담겨 있어요. 가족이나 친구가 어떤 물건을 사 주고 선물해 줄 때는 나를 좋아하고 나를 아끼는 마음도 함께 담기든요. 그래서 물건을 함부로 사용하고 쉽게 잃어버린 다음 찾지 않는다면 물건을 준 사람의 마음까지 함부로 대하는 것과 같답니다.

이 이야기의 주인공 시은이가 친구에게 선물 받은 곰돌이 방울끈을 찾으려고 최선을 다하는 것처럼, 작은 물건도 소중히 여길 수 있는 마음을 가져 봤으면 좋겠어요.

글쓴이 임선경

차례

제1장	방울끈이 없어졌어요	9
제2장	물건 나이 대결	47
제3장	방울끈 수색 대작전	71
제4장	범인은 바로 너!	87

제1장

방울끈이 없어졌어요

"어?"

시은이가 놀라 소리를 냈어요. 선생님도, 반 아이들도 무슨 일인가 하고 모두 시은이를 쳐다봤어요.

"시은아, 왜?"

시은이는 선생님의 물음에 대답도 하지 않고 주변을 두리번두리번 둘러봤어요. 옷 주머니에 손을 넣어 보고 책상 밑도 살펴봤어요. 어느새 선생님이 시은이 옆으로 다가와 있었어요.

"시은아, 뭐 찾니?"

"없어졌어요."

"뭐가?"

"방울끈이요."

시은이가 자기 머리카락을 만지며 대답했어요.

정말 방울끈이 없네요.

시은이는 학교에 올 때 어깨까지 내려오는 긴 머리카락을 묶고 와요. 머리카락이 흘러내려 얼굴을 가리면 귀찮거든요.

글씨를 쓸 때 머리카락이 자꾸 흘러내리면 신경이 쓰여서 글씨가 예쁘게 써지지 않아요.

체육 시간에 달리기를 할 때는 머리카락이 마구 흔들리면서 따귀를 때리는 것처럼 얼굴에 부딪히기도 해요.

점심시간에 밥 먹을 때도 마찬가지죠. 머리카락을 묶지 않아서 콩나물을 머리카락과 함께 질겅질겅 씹은 적도 있어요.

그래서 시은이는 학교에서 방울끈으로 머리카락을 묶어요. 그런데…….

"방울끈이 없어졌어요."

시은이의 얼굴이 금세 울상이 되었어요. 그건 소율이가 준 소중한 방울끈이거든요.

시은이와 소율이는 유치원 다닐 때 가장 친한 단짝이었어요. 같은 아파트 단지에 살면서 같은 유치원에 다녔거든요. 엄마들끼리도 친해서 서로의 집에도 자주 놀러갔어요.

시은이 엄마와 소율이 엄마는 산후조리원 동기래요. 같은 병원에서 시은이와 소율이를 낳았대요. 그러니까 시은이랑 소율이는 태어날 때부터 늘 함께 있었던 거나 마찬가지예요. 생일도 사흘밖에 차이나지 않는답니다.

시은이와 소율이는 친자매처럼, 혹은 쌍둥이 자매처럼 꼭 붙어 다녔어요. 놀이방도 함께 다녔고 피아노 학원도 같이 다녔고 문화센터에 발레나 미술을 배우러 갈 때도 함께 갔어요.

하지만 시은이와 소율이는 서로 만나지 못하고 있어요. 벌써 몇 달이나 지났어요. 소율이가 초등학교 입학을 앞두고 다른 도시로 이사를 갔기 때문이에요.

시은이는 소율이랑 헤어질 때 엄청 울었어요. 유치원을 졸업하는 것도 슬펐지만 소율이랑 같은 초등학교에 가지 못한다는 게 더 슬펐거든요.

　매일 만나던 단짝 친구를 이제부터 만날 수 없다는 것이 시은이는 이해되지 않았어요. 소율이 엄마는 방학을 하면

소율이네 동네로 놀러오라고 말했어요. 하지만 지금 당장은 볼 수가 없는 거잖아요. 그래서 시은이는 너무나 슬펐어요.

  소율이가 유치원 졸업식 날 시은이에게 이별 선물로 준 것이 사라진 방울끈이에요. 방울끈에는 작은 곰돌이 인형이 매달려 있어요. 까만 눈과 까만 코를 가진 예쁜 갈색 곰돌이예요. 곰돌이는 푹신푹신하고 보들보들했어요.

  시은이는 늘 그 방울끈으로 머리카락을 묶었어요. 집에는 엄마가 사 준 레이스 머리띠랑 사탕 모양 머리끈도 있고 이모가 사 준 토끼 머리끈도 있어요. 작은 플라스틱 구슬이 달린 머리끈도 열 개가 넘을 거예요.

그래도 시은이에게는 곰돌이 방울끈밖에 보이지 않았어요. 어떤 방울끈은 머리카락을 묶으면 머리카락이 당겨서 아플 때도 있는데 곰돌이 방울끈은 그렇지 않아요. 뒤로 벌렁 드러누울 때 방울이 바닥에 콩 부딪혀 뒤통수가 아픈 방울끈도 있지만 곰돌이 방울끈은 그렇지 않아요.

그리고 곰돌이 방울끈은 소율이의 선물이잖아요. 그게 없어진다는 건 말도 안 되죠.

곧 울 것 같은 시은이에게 선생님이 차분한 목소리로 말했어요.

"지금은 수업 시간이니까 쉬는 시간에 교실을 잘 찾아 보자. 어딘가에 떨어졌을 수도 있어."

"네."

시은이는 빨리 쉬는 시간이 되기만 기다렸어요.

'어디다 떨어뜨린 거지? 언제 잃어버린 거지? 누가 주워 가면 어쩌지?'

게다가 곰돌이가 먼지 가득한 바닥에 떨어져 누군가의 발에 밟힐 수도 있다는 생각을 하니 마음이 초조했어요.

얼마 후 쉬는 시간을 알리는 종이 울렸어요. 시은이는 자리에서 벌떡 일어나 교실 바닥을 살피기 시작했어요. 다른 친구들 책상 밑도 살펴보고 교실 뒤 사물함 근처도 찬찬히 살폈어요.

고개를 숙이고 다니다가 다른 아이와 부딪치기도 했어요.

"앗, 미안."

사과하는 시은이에게 "괜찮아." 하고 친절하게 말해 주는 친구도 있었지만 "야아~." 하며 싫은 티를 내는 친구도 있었어요.

그런데 교실 바닥을 살피다 보니 이런저런 것들이 시은이의 눈에 띄었어요. 연필이 굴러다니기도 하고 빨간 색연필이나 지우개가 떨어져 있기도 했어요. 종이접기 할 때 쓴 색종이는 다 구겨지고 밟혀서 쓰레기처럼 보였어요.

어제 수업이 끝나고 깨끗이 청소를 했는데 이것들은 다 뭘까요? 오늘 학교에 와서 친구들이 떨어뜨린 물건들이겠죠?

"시은아, 방울끈 찾아? 내가 도와줄까?"

짝꿍 보람이가 물었어요.

"응, 고마워."

"그런데 언제 잃어버렸어?"

"모르겠어. 내 머리카락이 언제부터 풀려 있었지?"

보람이는 고개를 갸우뚱했어요.

글쎄요, 언제부터일까요?

1교시에는 야외 관찰 활동을 했어요. 그래서 아침부터 운동장으로 나갔죠.

그럼 운동장에 떨어뜨렸을까요? 아니면 교실로 들어오면서 복도에 떨어뜨렸을까요? 그것도 아니면 화장실 갔을 때?

시은이는 눈앞이 막막해졌어요. 도대체 어디부터 찾아 봐야 할지 몰랐으니까요.

"책상 서랍은 봤어? 거기 넣었을지도 모르는데."

보람이가 말했어요.

글쎄, 그랬을까요?

시은이는 책상 서랍 안에 손을 넣어 뒤져 보았어요. 이런저런 것들이 엄청 많았어요. 무언가로 서랍 안이 꽉 차서 손이 끝까지 들어가지 않았어요.

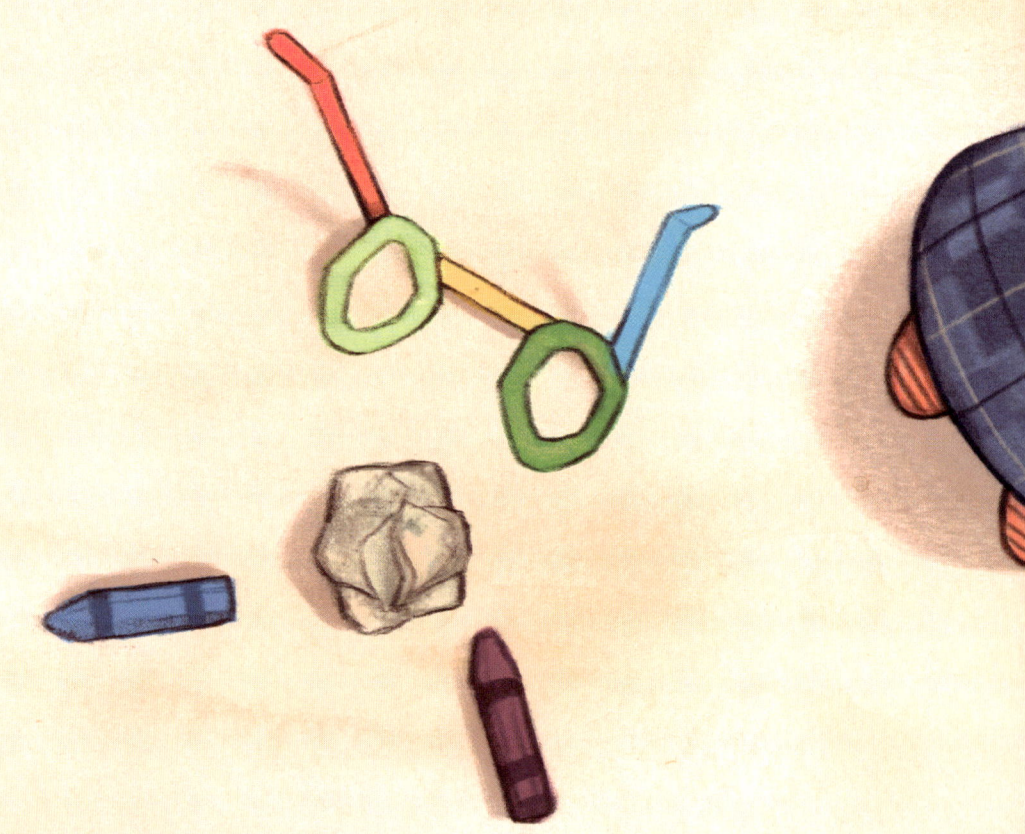

책과 공책이 여러 권 있고 더 안쪽에도 뭐가 많이 있는 것 같았어요. 보람이는 책상 서랍에서 책과 공책을 다 꺼냈어요. 그다음에 서랍 깊숙이 뭉쳐 있는 것들을 몽땅 밖으로 꺼냈어요.

어떻게 이 작은 서랍 안에 이렇게 많은 물건이 들어갈 수 있을까요?

마구 구겨진 종이 뭉텅이를 펴 보았어요. 가정통신문이었어요. 벌써 한참 전에 집으로 가져갔어야 할 것들이지만 아직 시은이의 책상 서랍 속에 들어 있었네요.

낱개 크레파스도 여러 개 나왔어요. 빨간색 크레파스가 여기 있었네요. 시은이는 얼마 전 크레파스 24색 세트를 새로 사 달라고 엄마에게 조른 일이 기억났어요. 빨간색 크레파스를 제일 많이 쓰는데 그게 없어졌거든요.

크레파스만 나온 게 아니에요. 20센티미터 자도 들어 있었고 며칠 전 창의 활동 시간에 만들었던 수수깡 안경까지 다리가 부러진 채 들어 있었어요. 이것도 그날 집으로 가져갔어야 하는데 서랍 안에 넣어 놓고 깜빡했나 봐요.

하지만 안에 있는 것들을 다 꺼내 놓고 서랍 안을 들여다봐도 곰돌이 방울끈은 안 보였어요.

"분실물 바구니에 가 보자."

보람이가 말했어요.

교실 뒤 사물함 위에는 '나를 찾아가세요.'라고 쓰인 분실물 바구니가 있어요. 거기에는 울고 있는 연필과 지우개 그림까지 그려져 있어요.

하지만 바구니 안은 주인이 찾아가지 않은 연필, 지우개, 크레파스로 가득해요. 주로 낡은 것들이지만 이제 겨우 한두 번 쓴 것 같은 것들도 많아요.

시은이는 바구니 안을 살펴보다 주인 이름이 큼지막하게 붙어 있는 물건들을 보고 조금 놀랐어요. 지훈이, 세희, 하늘이, 빛나, 예은이 이름이 붙은 것도 있었어요.

자기 이름이 붙어 있는데도 왜 찾아가지 않는 걸까요?

시은이는 바로 뒤에서 짝꿍과 공기놀이를 하고 있는 빛나를 봤어요.

"빛나야, 여기 네 지우개 있어."

시은이는 빛나에게 지우개를 들어 보여 주었어요. 빛나는 힐끗 쳐다보더니 그냥 고개를 돌렸어요. 공기놀이에 빠져서 지우개를 찾으러 올 새가 없는 모양이에요.

'흥! 안 찾아가려면 말라지.'

시은이는 기분이 조금 상했어요. 그런데 바구니 안을 뒤적이던 보람이의 표정이 안 좋아 보였어요. 보람이는 자기 손바닥만 한 수첩을 들고 있었어요. 새것 같았어요.

보람이는 단단히 화가 난 듯 수첩을 도로 바구니 안에 툭 던져 넣더니 자리로 가 버렸어요.

시은이는 얼른 바구니 안에서 수첩을 꺼내 펼쳐 봤어요. 첫 장에 글씨가 쓰여 있었어요.

채원이에게, 짝꿍 보람이가

그러고 보니 보람이는 지난달에 채원이랑 짝꿍이었어요. 시은이랑은 이번 달부터 짝꿍이 됐고요. 시은이네 반은 한 달에 한 번씩 자리를 바꾸거든요.

이 수첩은 보람이가 채원이에게 준 선물인 것 같아요. 그런데 왜 분실물 바구니에 들어 있을까요?

아마 채원이가 수첩을 선물로 받자마자 잃어버렸겠지요. 그럼 분실물 바구니를 찾아 봤으면 될 텐데 말이에요.

채원이는 수첩을 잃어버렸다는 사실조차 모르고 있는 게 아닐까요?

시은이는 괜히 보람이에게 미안한 마음이 들었어요. 친구가 준 선물을 그렇게 함부로 다루면 안 되는 거잖아요.

시은이는 새것처럼 보이는 딱풀, 작은 물휴지, 머리핀, 네임펜, 빨간 색연필들을 쳐다봤어요. 분명 모두 주인이 있을 거예요.

시은이가 자리로 돌아오자 보람이가 말했어요.

"교실에는 없는 것 같아. 그럼 다른 곳에 있다는 얘기인데……. 좋아, 이렇게 하자."

보람이가 가방에서 자기 수첩을 꺼내 척 펼쳐 들었어요. 채원이에게 준 수첩과는 다른 것이에요. 보람이는 수첩을 좋아하나 봐요.

"오늘 학교에 와서 어디 어디 갔는지 잘 생각해 봐."

수첩을 펼쳐 든 보람이는 꼭 형사처럼 보였어요.

"참! 오늘 그 방울끈을 하고 온 건 확실해?"

보람이는 깜빡했다는 듯 물었어요.

"응. 확실해!"

방울끈이 언제 빠졌는지는 기억나지 않지만 아침에 머리카락을 방울끈으로 묶은 것은 확실히 기억이 나요. 오늘따라 머리카락이 제대로 묶이지 않아서 엄마가 몇 번이나 방울끈을 풀고 다시 묶어 주었거든요.

시은이가 거울 앞에서 이쪽저쪽 고개를 돌려가며 묶인 꼴을 살펴보자 엄마가 그랬어요.

"어때, 이제 만족해? 우리 까다로운 공주님?"

시은이는 귀 옆으로 머리카락이 조금 삐져나온 것이 마음에 걸렸지만 아침부터 바쁜 엄마를 생각해서 다시 해 달라는 말은 하지 않았어요.

급하게 현관문을 나서는데 강아지 '호두'가 시은이의 등굣길을 방해했어요. 귀엽게 짖으며 안아 달라고 보채는 호두를 시은이는 안아 주고 잠시 놀아 주었어요.

마침 설거지를 시작한 엄마가 빨리 가라고 성화를 부리지 않았더라면 시은이는 오늘 지각했을 거예요.

그럼 지각할까 봐 헐레벌떡 뛴 등굣길에 방울끈을 흘렸을까요?

아무튼 시은이가 방울끈으로 머리카락을 묶고 학교에 온 건 확실해요.

시은이는 교실에 도착해서 아침 독서를 하고 야외 관찰 활동을 하러 운동장으로 나갔어요. 야외 관찰 활동 시간이 끝나고 들어오는 길에 화장실에 들러서 손을 씻었고요. 그리고

교실로 다시 돌아왔죠.

   보람이는 시은이의 말을 듣고 수첩에 꼼꼼히 적었어요.

학교 현관 – 복도 – 운동장 – 화장실

그때 다음 수업의 시작을 알리는 종이 울렸어요.

"다음 쉬는 시간에 여기도 다 찾아 보자."

보람이의 말에 시은이가 고개를 끄덕였어요.

"시은아, 방울끈은 찾았니?"

선생님이 수업을 시작하기 전에 시은이에게 물었어요.

"아니요. 못 찾았어요."

"그럼 머리카락 때문에 불편하니까 일단 선생님이 머리끈 하나 빌려줄까?"

"네."

선생님이 책상 서랍을 열어 비닐봉지 하나를 꺼내 펼쳤어요. 그 안에는 색색의 머리끈이 열 개 정도 들어 있었어요. 작은 플라스틱 방울이 있는 것도 있고 미키마우스가 매달려 있는 것도 있었어요.

"주인 없는 머리끈들이야. 하나 가져가렴."

"다 주인이 없어요?"

"응, 주인이 있었겠지만 이젠 아무도 찾아가지 않네. 다른 아이들도 시은이처럼 자기 물건을 소중하게 생각하면 좋겠는데 말이야."

선생님이 시은이를 보며 미소를 지었어요. 선생님의 칭찬에 시은이는 얼굴이 빨개졌어요. 책상 서랍 속에 이런저런 물건들이 처박혀 있던 게 생각이 나 부끄러웠거든요.

　시은이는 주황색 고무줄 머리끈을 하나 골라서 머리카락을 묶었어요. 그리고 꼭 곰돌이 방울끈을 찾아내겠다고 다시 마음을 먹었어요.

　선생님의 칭찬 때문만은 아니었어요. 시은이에게 곰돌이

방울끈은 정말 소중한 물건이거든요.

 쉬는 시간 종이 울리자마자 시은이와 보람이는 교실 밖으로 뛰쳐나갔어요.
 우선 교실 앞 복도를 왔다갔다 살펴봤어요. 방울끈은 보이지 않았어요. 화장실도 가 보았죠. 손을 씻었던 세면대를 살

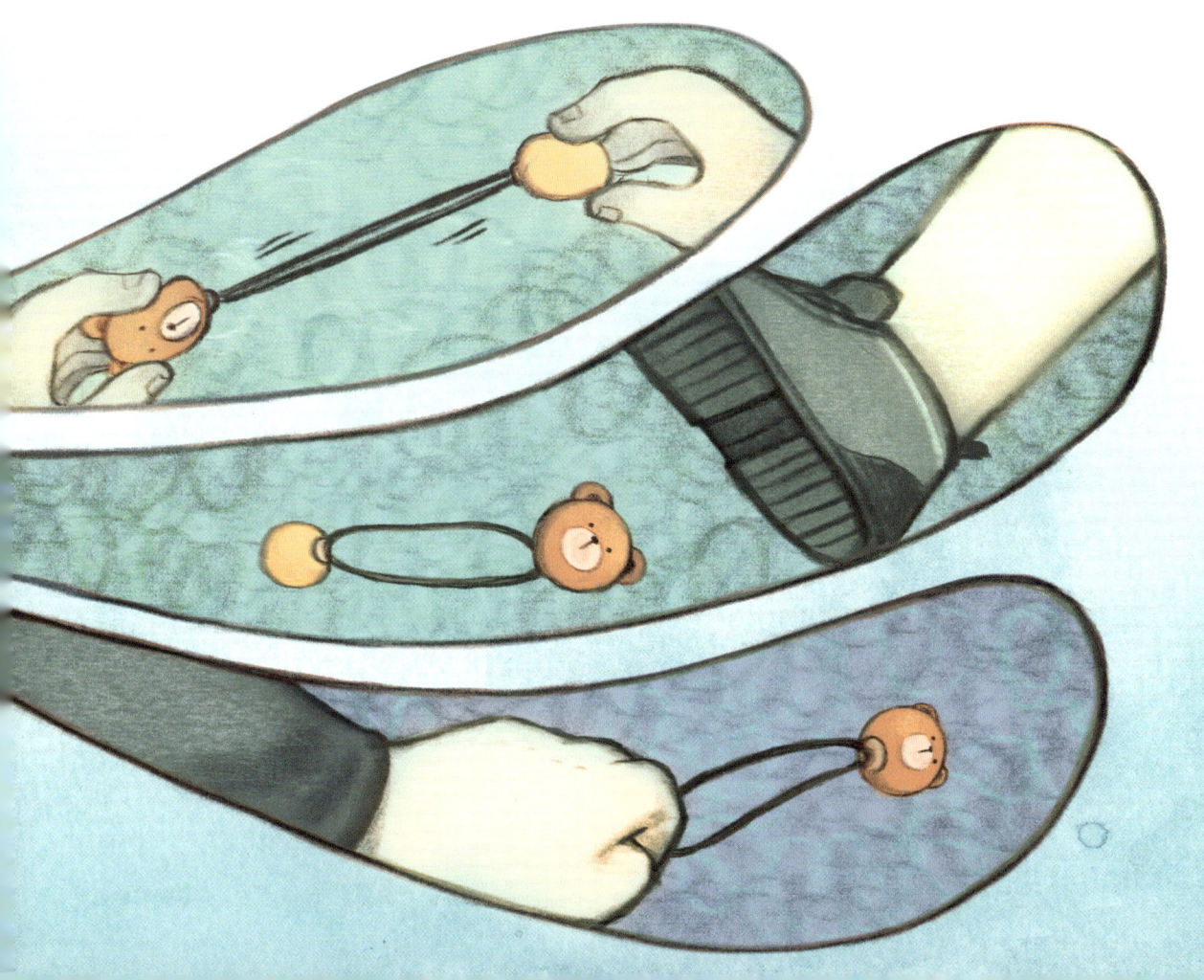

펴보고 시은이가 들어갔던 화장실 칸까지 들여다봤어요.

시은이와 보람이는 운동장으로 나갔어요. 하지만 둘은 누가 먼저라고 할 것 없이 한숨을 푹 내쉬었어요. 운동장이 너무 넓었거든요.

게다가 야외 관찰 활동 때 시은이는 운동장 구석구석을 돌아다녔기 때문에 그만큼 다시 돌아다녀야 했어요.

시은이는 속상했어요. 아무래도 야외 관찰 활동 때 방울끈을 떨어뜨린 게 분명한 것 같았어요. 아침에 친구들과 장난치면서 마구 뛰어다닌 게 생각났거든요.

뜀박질을 하다 보면 머리카락이 계속 흔들리고, 그러다 보면 방울끈이 쉽게 빠지기도 하잖아요.

저 넓은 운동장 어딘가에 곰돌이 방울끈이 떨어져 있을까요? 그럼 누군가의 발에 이미 밟혔을까요? 아니면 누가 주워 갔을까요? 소율이가 준 소중한 방울끈은 다시는 볼 수 없는 걸까요?

그때 보람이가 소리쳤어요.

"좋은 생각이 있어!"

실망한 시은이의 마음이 점점 어두워지던 순간 반짝 작은 빛이 비치는 것 같았어요.

쉬는 시간이 돌아오자 보람이가 이번에는 연습장을 꺼냈어요. 시은이도 연습장을 꺼냈어요. 둘은 각자의 연습장에 '방울끈을 찾아요.'라고 썼어요.

보람이가 전단지를 만들어 붙이자고 했거든요. 둘이서 학교를 샅샅이 살펴볼 수는 없을 테니까요.

전단지를 만들어 붙여 놓으면 방울끈을 본 사람이 나타날 수도 있지 않을까요?

가끔 잃어버린 강아지나 고양이를 찾는다는 전단지가 아파트 게시판에 붙어 있는 것을 본 적이 있어요. 호두랑 지내는 시은이도 그런 전단지가 보이면 유심히 읽어 보곤 했어요. 혹시 전단지 속의 강아지나 고양이를 우연히 본 적 없는지 가만히 생각해 보기도 했고요.

시은이와 보람이는 연습장에 열심히 곰돌이 방울끈 그림을 그렸어요. 누구나 알아볼 수 있게 최대한 비슷하게 그려야 했어요. 갈색 곰돌이 얼굴에 까만 눈과 코, 그리고 웃고 있는 입.

간단한 것 같은데 막상 그리고 보니 삐뚤빼뚤 곰돌이 얼굴이 찌그러졌어요. 보람이가 그린 곰돌이도 마찬가지였어요.

이래서야 방울끈을 알아보고 찾아 주는 사람이 있을까요?

"히잉!"

"으으으으."

서로의 그림을 확인하고 시은이와 보람이 둘 다 이상한 소리를 냈어요. 웃을 수도 울 수도 없다는 말은 이럴 때 쓰는 말인가 봐요.

그때 선생님이 다가와 전단지 그림을 유심히 들여다봤어요.

"방울끈이 이렇게 생겼다는 거지?"

"아니에요. 이것보다 훨씬 예쁘게 생겼는데……."

시은이의 대답에 선생님이 웃으며 말했어요.

"그럼 선생님이 좀 도와줄게."

선생님이 의자를 하나 가져와 옆에 앉았어요. 그러고는 색연필과 크레파스를 바꿔 가며 쓱쓱 그리고 칠하기 시작했어요. 삐뚤빼뚤했던 곰돌이 얼굴이 금세 귀여워졌어요.

선생님은 완성된 전단지를 한참 바라보더니 뭔가 생각난 것처럼 말했어요.

"시은아, 이 전단지 선생님에게 잠깐 빌려줄래?"

"이걸요?"

"응, 우리 반 아이들에게 보여 주고 혹시 이 방울끈을 본 사람이 있는지 물어보자."

시은이가 고개를 끄덕이자 선생님은 전단지와 교실 뒤의 분실물 바구니를 가져다가 교탁 위에 올려 두었어요.

"모두 여기를 보세요."

선생님이 시은이와 보람이의 전단지를 아이들에게 펼쳐 보여 주었어요. 뒤에 앉은 아이들은 잘 보이지 않는지 의자에서 엉덩이를 떼고 고개를 쭉 뺀 채로 쳐다봤어요.

"우리 반 친구 중에 이 방울끈을 본 사람 있어요? 시은이의 방울끈인데 오늘 잃어버렸대요."

"언제요?"

"어디서 잃어버렸어요?"

여기저기서 질문이 쏟아졌어요. 선생님이 고개를 흔들었어요.

"언제 어디서 잃어버렸는지는 모르겠어요. 그런데 시은이는 이 방울끈을 꼭 찾고 싶나 봐요."

그러자 빛나가 시은이에게 말했어요.

"에이, 그냥 또 사."

채원이도 말했어요.

"나는 집에 저런 거 스무 개도 넘게 있는데."

시은이는 확 속상한 마음이 들었어요. 방울끈이 하나밖에 없어서 찾고 싶은 게 아니었거든요. 방울끈은 소율이의 선물이잖아요.

똑같은 방울끈을 산다고 해도 그건 소율이가 준 것이 아니잖아요?

선생님이 아이들에게 물었어요.

"채원이는 머리끈이 스무 개가 있구나? 그럼 빛나는 몇 개나 있니?"

빛나는 좀 생각하더니 다섯 개는 넘고 열 개는 안 된다고 말했어요.

선생님은 모두 연습장을 꺼내 보라고 말했어요.

"자, 이제부터 게임을 해 보자."

"와아아아, 좋아요!"

게임이라는 말에 모두 환호성을 질렀어요.

방울끈을 찾다 말고 선생님은 갑자기 무슨 게임을 하려는 걸까요?

아 아 !!

게임을 해 보자!

물건을 잃어버리지 않으려면 어떻게 해야 할까요?

물건은 오래 쓰면 쓸수록 정이 들고 내 것이라는 생각이 강해진답니다. 새것도 좋지만 내 손때가 묻은 오래된 물건은 더 소중해요. 어떤 물건을 오래 쓸수록 추억도 그만큼 생기기 때문이죠.

물건을 잃어버리고 찾지 않거나 별로 속상해하지 않는 사람은 그 물건과 정이 들 시간이 없었기 때문일지도 몰라요.

어떻게 하면 내 물건을 정이 들 때까지 오래도록 잃어버리지 않고 잘 쓸 수 있을까요?

내가 어떤 물건을 가지고 있는지 알아야 해요.

1. 물건을 잃어버려도 잃어버린 줄도 모르고 심지어 자기 물건인지 아닌지 잘 모르는 친구들도 많아요. 내가 무엇을 가지고 있는지, 내 물건이 어떻게 생겼는지 잘 모르기 때문이에요.

2. 내 물건을 잘 알기 위해서는 물건을 살 때 내가 직접 고르는 것이 좋아요. 부모님이 사다 주시는 물건만 쓰기보다는 내 마음에 드는 걸 직접 고르면 물건에 대한 애착이 생길 거예요.

많은 물건을 가지고 있지 않도록 해요.

1. 너무 많은 종류의 물건을 가지고 있으면 물건을 아껴 쓰지 않게 돼요. 물건은 딱 필요한 만큼만 가지는 습관을 길러요.
2. 연필은 3자루나 4자루, 지우개, 가위, 자 등의 학용품은 한 개씩만 필통에 넣어요.

모든 물건에 이름을 써요.

1. 물건을 잃어버렸을 때 나뿐만 아니라 다른 친구들이 발견하고 찾아 줄 수 있도록 모든 물건에는 이름을 써요.
2. 이름 스티커를 붙이면 편해요. 이름 스티커는 부모님과 함께 직접 만들 수도 있고 문구점이나 마트에서 구입할 수도 있어요. 물론 인터넷으로도 구매할 수 있고요.
3. 색연필이나 크레파스 낱개에도 하나하나 이름을 써야 해요.
4. 실내화나 체육복에도 꼭 이름을 쓰세요. 옷에는 실로 수를 놓거나 옷의 안쪽 라벨에 유성 펜으로 이름을 쓰면 돼요. 옷에 붙일 수 있는 의류용 이름 스티커도 있어요.

크레파스, 색연필은 낱개로 구입해요.

1. 12색 색연필이나 24색 크레파스 중 한 가지 색깔을 다 쓰거나 잃어버렸다고 해서 통째로 새로 산 적은 없나요? 잃어버린 색깔만 하

나씩 낱개로 살 수 있어요.

2. 큰 문구점이나 인터넷을 통해 낱개 구입을 할 수 있어요.

3. 처음부터 낱개 판매가 되는 회사의 제품을 구입하면 좋아요.

물건의 자리를 정해 주세요.

1. 학교에 가면 내 자리가 있죠? 선생님은 빈자리만 보고도 누가 결석했는지 지각했는지 금방 알 수 있어요. 그런 것처럼 물건에 자기 자리를 마련해 주면 우리도 물건이 어디에 있는지 쉽게 알 수 있어요.

2. 쓰고 난 물건은 쓰자마자 제자리에 두어요.

3. 헷갈리지 않도록 물건 두는 곳을 자주 바꾸지 마세요.

4. 작은 물건은 주머니나 상자에 넣어서 정리해요.

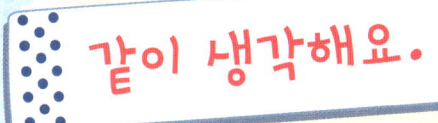

1. 내가 아끼는 물건들을 그려 보아요. 그리고 이 물건들을 잃어 버리지 않도록 어떻게 하면 좋을지 써 보아요.

----

2. 내가 아꼈지만 어느 순간 잃어버린 물건들을 그려 보아요. 그리고 혹시 모르니 교실에 있는 '분실물 바구니'나 책상 서랍도 살펴보아요.

제2장

물건 나이 대결

선생님은 칠판에 '물건 나이 대결'이라고 썼어요.

물건의 나이 대결이라니. 물건에도 나이가 있나요?

"자, 연습장에 지금 자기가 갖고 있는 물건을 모두 써 볼까요? 책상 위에는 무엇이 있나요?"

"연습장이요."

"필통이요."

"고무 딱지요."

"동환아, 선생님이 학교에는 고무 딱지 가지고 오지 말라고 했잖니?"

아이들이 꺄르륵 웃었어요.

"좋아요. 고무 딱지라도 갖고 있다면 연습장에 쓰세요. 그리고 이번에는 책상 서랍 안에 있는 것들을 써 보세요."

아이들이 부스럭대며 책상 서랍을 살폈어요.

잊고 있었던 것들이 하나둘 책상 위로 올라왔어요.

"이게 여기 있었네?"

"와, 찾았다!"

마치 보물을 찾은 듯 신이 난 아이들의 말소리가 여기저기서 들렸어요.

"각자 책가방 앞주머니, 뒷주머니도 잘 확인해 보세요. 칸이 나누어져 있는 책가방도 있죠? 그 안에는 무엇이 들어 있나 모두 써 보세요."

아이들은 이번에도 잊고 있던 물건들을 많이 찾아냈어요.

가방 안에서는 가정통신문 뭉텅이가 한 움큼씩 나왔어요. 이젠 쓰지 않는 오카리나와 한겨울에 썼던 손난로가 들어 있기도 했어요. 심지어 다 짓뭉개진 초코파이랑 날짜가 한참 지난 요구르트도 나왔어요.

선생님은 요구르트를 버리면서 말했어요.

"그동안 가방 안에서 터지지 않아 줘서 정말 고맙다, 요구르트야."

아이들이 다시 왁자지껄하게 웃었어요.

"자, 이번에는 몸에 걸치고 있는 것들을 써 봐요. 옷, 양말, 실내화, 머리끈 전부 다요."

"안경은요?"

안경을 쓴 찬기가 물었어요.

"안경도 써야죠."

"팬티는요?"

장난치기 좋아하는 창우가 물었어요.

아이들이 와하하하, 웃었죠.

"음…… 팬티는 쓰지 말기로 하자. 그건 혼자만 알고 있어도 될 것 같아."

선생님의 대답에 시은이와 아이들은 킥킥대며 연습장에 쓰기 시작했어요.

"자, 모두들 다 썼나요?"

"네!"

아이들이 크게 대답했어요.

"우리는 나이를 한 살, 두 살 이렇게 먹지만 물건은 언제 샀는지, 언제부터 가지고 있었는지로 나이를 따진답니다. 이제 각자 연습장에 적어 놓은 물건들의 나이가 며칠, 몇 개월인지 잘 생각해 보고 써 보세요."

아이들이 물건 옆에 나이를 적기 시작했어요.

시은이도 곰곰 생각해 보며 물건의 나이를 적었죠.

'필통이랑 사인펜, 색연필은 겨울에 새 학기를 준비하면서 샀으니까 5개월이야. 하지만 지우개는 잃어버려서 새것을 또 사는 바람에 나이가 아주 적어. 지금 신고 있는 양말은 엄마가 사 주신 거라 언제 처음 신었는지 기억이 잘 안 나네.'

다른 아이들도 시은이처럼 나이를 알 수 없는 물건이 있나 봐요.

창우가 또 선생님한테 물었어요.

"선생님, 이 옷 나이를 모르겠어요."

"언제부터 입었니? 작년에도 입었니?"

"기억이 안 나요."

"음, 모르는 건 그냥 '모름'이라고 써도 돼요."

동환이는 자랑스럽게 말했어요.

"저는 이 옷을 작년에도 입었어요. 그전에는 우리 형이 입었고요."

"와아, 그럼 나이 많은 옷이네. 적어도 세 살은 됐겠다."
승주가 소리쳤어요.
"저는 보조 가방이요! 우리 엄마가 예전에 누나한테 사 준 건데요. 누나가 파란색은 싫다고 안 썼어요. 그래서 이건 다섯 살이 넘어요."
그러자 교실 안이 다시 와글와글 시끄러워졌어요.

어떤 아이는 이건 누구에게 물려받았고, 이건 아주 오래전에 샀지만 아껴 써서 지금까지 쓰는 거라고 자랑했어요. 또 다른 아이는 유치원 때부터 갖고 다닌 물건을 지금도 쓴다고 말했어요.

시은이도 자기 물건 중에 아주 오래된 것이 있나 생각해 봤어요. 하지만 시은이는 옷을 물려줄 언니도 없고, 쓰고 있는 학용품도 모두 새것이었어요.

"자, 그럼 가장 오래된 물건을 가진 사람은 승주네? 승주한테는 스티커 한 장 줄게."

"와아!"

게임에서 이긴 승주를 향해 아이들이 부러운 눈길을 보냈어요.

선생님은 게임이 아직 끝나지 않았다고 말했어요.

"여러분은 지우개의 나이를 기억하나요?"

시은이 지우개의 나이는 기껏해야 일주일이 넘지 않아요. 그런데 보람이는 자기 지우개의 나이가 한 살이라고 말하는 거예요.

지우개 하나를 일 년을 썼다고요?

시은이가 깜짝 놀라 보람이의 지우개를 봤어요. 한쪽이 종이로 감싸져 있어요. 반대쪽은 오래 써서인지 많이 닳아 있었어요.

지우개 나이 대결에서는 당연히 보람이가 이겼어요. 보람이도 스티커를 받았고요.

선생님이 다시 말했어요.

"지금 지우개를 한 개 갖고 있는 사람 손 들어 보세요."

아이들 중 반 정도가 손을 들었어요.

"그럼 두 개인 사람?"

몇몇이 손을 들었어요.

그다음 세 개, 네 개, 다섯 개……. 지우개를 많이 갖고 있는 아이들이 차례로 손을 들었어요.

"창우는 지우개가 왜 세 개나 되니?"

선생님이 창우에게 물었어요.

"필통 안에 한 개가 있고요. 아까 서랍 안에 있는 것 다 꺼내 보니 한 개가 더 나왔어요. 그리고 가방 안에도 있더라고요."

창우가 대답했어요.

"나도 잃어버린 줄 알았는데 찾았어."

"나는 가방 안에 두 개나 있었어."

창우의 말을 듣고 아이들이 여기저기서 말했어요.

그때 선생님이 빛나에게 물었어요.

"빛나는 왜 지우개가 다섯 개야?"

그러자 아이들이 "오오!" 소리를 내며 빛나를 쳐다봤어요.

"제가 원래 쓰는 지우개가 있었는데요. 문구점에 가니까 딸기 모양 지우개가 새로 나와서 샀어요. 그런데 바로 옆에 꽃향기가 나는 지우개가 있길래 그것도 예뻐서 샀어요."

"하지만 다섯 개가 다 필요한 건 아니지?"

선생님의 물음에 빛나는 잠시 생각하다 대답했어요.

"네, 다 필요하지는 않아요."

"그럼 제일 마음에 드는 지우개 하나만 남기고 나머지는 집에 잘 두면 어떨까? 다섯 개를 다 들고 다니면 잃어버리기 쉬울 것 같은데."

"네, 그럴게요."

선생님은 바로 옆에 있는 분실물 바구니를 살펴본 다음 다시 빛나를 쳐다봤어요.

"그런데 빛나야, 네 지우개는 다섯 개가 아니라 여섯 개네."

분실물 바구니 안에서 선생님이 지우개를 하나 들어서 보여 주었어요. 아까 시은이도 봤던, 빛나 이름이 쓰여 있는 지우개예요. 여섯 개라는 말에 아이들이 웃었어요.

빛나도 쑥스러운지 한 손으로 입을 가리면서 선생님에게 지우개를 받아 갔어요.

선생님은 이름이 쓰여 있는 다른 분실물도 모두 주인에게 돌려주었어요.

그리고 선생님이 채원이의 수첩을 집어 들었어요. 보람이가 선물해 준 그 수첩 말이에요.

"채원아, 여기 네 수첩이 있네."

"어? 맞다!"

채원이가 수첩을 받아 갔어요. 보람이는 일부러 고개를 돌려 채원이 쪽을 쳐다보지 않았어요.

다 나눠 주고도 분실물 바구니 안에는 아직 주인을 찾지 못한 연필과 크레파스 같은 학용품이 많았어요. 선생님은 나머지 물건들을 잘 정리해서 서랍 안에 넣어 두었어요.

"집에서 반려동물과 같이 지내는 사람 손 들어 보세요."

강아지 호두와 지내는 시은이가 손을 들었어요.

아이들 중 반 정도가 손을 들었죠. 다들 강아지, 고양이, 거북이, 햄스터, 금붕어, 장수풍뎅이, 사슴벌레처럼 다양한 반려동물과 한 집에서 지내고 있었어요.

"그럼 함께 지내던 동물 친구를 잃어버린 적 있는 사람 있어요?"

"저요. 우리 집에 햄스터가 있는데 걔가 자기 집을 탈출했어요. 그래서 며칠 만에 냉장고 뒤에서 겨우겨우 찾았어요."

재영이가 큰 소리로 대답했어요.

"재영이는 햄스터를 잃어버렸을 때 어땠니?"

"진짜 걱정됐어요."

"햄스터는 더 걱정했을 거야. 자기 집을 잃어버려서."

아이들이 모두 와하하, 웃음을 터뜨렸어요.

시은이는 호두를 잃어버린 적은 없어서 다행이라고 생각했어요. 하지만 산책 중에 호두의 가슴 줄을 놓친 적이 있었는데, 그때 호두를 쫓아 달리느라 시은이는 운동회 날 달리기 할 때보다 더 이를 악물고 뛰었어요. 시은이에게는 호두를 잃어버리는 것만큼 끔찍한 일은 없을지도 몰라요.

"반려동물을 잃어버리면 누구나 다시 찾으려고 노력할 거예요. 실수로 잃어버리고 찾지도 않는다면 동물들이 너무 슬퍼하겠죠? 그리고 그런 사람은 주인 자격도 없어요. 그렇죠?"

"네!"

아이들이 우렁차게 대답했어요.

"물건도 마찬가지예요. 자기 물건은 잃어버리지 않게 잘 간수해야 하고, 혹시 잃어버리면 찾으려고 노력해야 해요. 선생님이 아까부터 봤는데, 시은이는 잃어버린 방울끈을 찾으려고 엄청 노력하고 있어요."

선생님이 곰돌이 방울끈 전단지를 아이들 앞에 펼쳐 다시 보여 주었어요.

"이 방울끈이 시은이에게 어떤 물건인지 친구들한테 설명해 줄래?"

시은이의 얼굴이 빨개졌어요. 시은이는 친구들 앞에서 큰 소리로 이야기하는 걸 잘 못하거든요.

하지만 시은이는 잠시 숨을 고르고 용기를 내서 말했어요.

"이 방울끈은······ 친구가 선물해

줬고 갈색 곰돌이가 달려 있어요."

"어떤 친구인데?"

시은이는 친구 소율이가 멀리 이사를 가는 바람에 한동안 보지 못했다고 말했어요. 또 이야기할수록 방울끈을 꼭 찾아야겠다고 생각했어요. 소율이가 보고 싶어서 갑자기 눈물

이 나왔어요. 사실은 아까부터 울고 싶은 마음이었거든요.

시은이가 울먹거리자 아이들이 조용해졌어요.

"선생님이 듣기에도 정말 소중한 방울끈인 것 같구나. 지금 짝꿍 보람이가 도와주고 있는데 우리가 다 같이 시은이를 도와줄 방법이 있을까?"

"방법이 있어요."

창우가 대답했어요.

"어떻게?"

"전단지를 더 많이 붙여요."

그러자 다른 아이들도 자기 의견을 말했어요.

"운동장을 다 같이 찾아 봐요."

"교내 방송으로 말해요."

"다른 반 분실물 바구니를 전부 살펴봐요."

선생님의 얼굴에 흐뭇한 미소가 그려졌어요.

"모두 다 좋은 생각이에요. 그럼 이번 시간에 '방울끈 수색 대작전'을 펼쳐 볼까요?"

물건을 아껴 쓰려면 어떻게 해야 할까요?

내 물건이 생기면 직접 잘 관리해야 해요. 꼭 필요한 곳에 필요한 만큼만 사용해야 하고요. 물을 아끼고 전기를 아끼는 것과 마찬가지로 물건도 아껴 써야 한답니다. 그러면 물건을 훨씬 더 오래 쓸 수 있고 그 물건과 함께 좋은 기억을 많이 만들 수 있어요.

내가 정성껏 돌보고 잘 간수해서 오래 쓴 내 물건은 누구의 것과도 바꿀 수 없는 소중한 내 것이 돼요.

그럼 어떻게 하면 물건을 아껴 쓰고 오래 쓸 수 있는지 알아볼까요?

1. 학용품은 장난감이 아니에요.

학용품을 가지고 장난을 치는 친구들을 본 적이 있나요? 리코더를 장난감 칼처럼 휘두르거나 보조 가방으로 멀리 던지기 게임을 하는 친구들이 있어요. 하지만 학용품은 장난감이 아니랍니다. 놀기 위해 만든 물건이 아니기 때문에 함부로 던지고 놀다 보면 당연히 금방 망가지게 돼요.

물건에는 각각의 용도가 있어요. 물건을 용도에 맞지 않게 쓰는 건 신발을 머리에 쓰거나 가방을 옷처럼 입고 다니는 것과 마찬가지예요. 냄비나 국자 같은 도구들은 부엌에서 요리할 때 쓰고 축구공이나 야구 배트, 글러브는 운동할 때 쓰는 것처럼 학용품은 공부할 때 사용하는 물건입니다. 학용품을 장난감으로 사용하지 않도록 해요.

2. 물건의 뚜껑을 잘 챙겨요.

가지고 있는 물건 중에 뚜껑이 있는 물건을 찾아 볼까요? 필기구 중에서는 사인펜이나 매직펜이 있어요. 이것들을 사용하고 나서 뚜껑을 닫지 않고 그대로 두면 다음에 사용할 수 없게 돼요. 새것인데도 색이 다 날아가 버려서 잘 나오지 않거든요. 또 뚜껑을 닫지 않은 사인펜이나 매직펜은 필통 안과 책 여기저기에 색을 묻힐 수도 있어요.

사인펜이나 매직펜은 사용할 때도 뚜껑을 잃어버리지 않도록 조심하고, 쓰고 나면 뚜껑을 꼭 닫아서 보관해야 해요.

풀도 마찬가지예요. 풀은 끈끈해서 종이를 붙일 때 사용하죠. 그런데 풀을 사용한 뒤 뚜껑을 닫지 않고 가방이나 필통에 넣어 두면 끈끈한 풀이 흘러나와서 주변의 물건들을 다 망칠 수도 있어요. 책도 서로 붙어 버리고 가방도 끈적끈적해지고 옷에 묻으면 옷을 버릴 수도 있어요.

그러니까 뚜껑이 있는 물건은 뚜껑을 잘 닫아 두세요.

3. 물건을 던지거나 깔고 앉으면 안 돼요.

학용품 중에는 잘 부러지는 것들이 있어요. 연필은 물론이고 크레파스, 색연필 등도 함부로 다루면 금방 부러져요. 가방을 통째로 던지면 안에 있던 것끼리 부딪쳐서 망가지기 쉽겠죠? 엉덩이 밑에 깔고 앉아도 마찬가지고요.

책가방이나 보조 가방도 잘 메거나 들어서 땅에 질질 끌고 다니지 않도록 해야 해요. 그렇지 않으면 가방이 더러워질 뿐만 아니라 안에 든 물건도 같이 망가질 수 있거든요.

4. 물건을 깨끗하게 사용해요.

책 표지나 가방, 심지어 옷에도 낙서를 하는 친구들이 있어요. 수업 시간에 집중하지 않고 딴 생각을 하면서 낙서를 하는 거예요.

물건에 낙서를 하면 새 물건도 금세 헌 것이 돼 버려요. 오래 쓸 수 있는 물건도 낙서 때문에 새로 사야 하는 일이 생기고요.

물건을 아껴 쓰고 오래 쓰려면 더러워진 물건은 그때그때 깨끗하게 닦아 주어야 해요. 그림을 그리고 난 뒤에는 물통이나 팔레트를 깨끗이 닦아서 보관해야 해요. 그리고 책가방이나 보조 가방은 잘 더러워지기 때문에 자주 빨아서 사용해야 하고요.

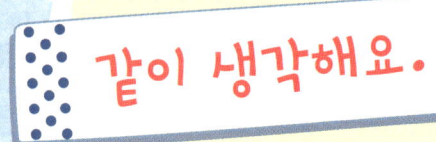 같이 생각해요.

1. 내 물건의 나이를 적어 보세요. 그리고 친구들의 물건과 나이를 비교해 보세요.

책가방 ☐	지우개 ☐	점퍼 ☐
보조 가방 ☐	우산 ☐	필통 ☐
크레파스 ☐	모자 ☐	신발 ☐

2. 내가 가지고 있는 물건 중에 가장 나이가 많은 물건은 무엇이고 어떻게 가지게 된 물건인지 적어 보아요.

제3장

방울끈 수색 대작전

반 친구들이 모두 운동장으로 나왔어요. 시은이는 그 모습을 보고 어안이 벙벙했어요. 모두 이렇게까지 나서 줄줄은 몰랐거든요.

보람이가 도와준다고 했을 때도 고마웠어요. 그런데 이제 다른 아이들까지 나서 주다니 고마우면서도 왠지 쑥스러웠어요.

시은이와 보람이는 1층 중앙 현관 앞에 전단지를 붙였어요. 다른 아이들은 삼삼오오 흩어져서 화단 근처와 운동장 계단, 축구 골대 뒤를 꼼꼼히 살펴봤어요.

그래서일까요?

운동장에서는 이런저런 것들이 발견됐어요. 운동장 계단에서 멀쩡한 실내화가 든 실내화 가방을 찾았어요. 누가 언

제 놓고 갔는지 모를 점퍼도 하나 찾았고요. 작은 꽃이 달린 머리띠도 있었어요.

아이들은 주운 물건을 중앙 현관 앞에 놓인 분실물 상자로 가져갔어요.

중앙 현관의 분실물 상자는 아파트 헌옷 수거함처럼 아주 컸어요. 교실에서 주운 것은 교실 분실물 바구니에 넣지만 현관이나 운동장, 강당에서 주운 것들은 여기에 넣어요. 그래서 이 상자에는 연필이나 지우개 같은 학용품은 별로 없어요.

대신 점퍼나 조끼, 체육복 같은 것들이 많아요. 친구하고 뛰어노는 동안 잠시 벗어 두었다가 깜빡하고 그대로 돌아간 아이들 때문이에요.

실내화도 있고 운동화도 있어요. 신발을 갈아 신고 따로 챙기지 않은 채로 가 버린 아이들 때문이죠.

우산은 정말 많았어요. 예쁜 무늬가 그려진 우산부터 삼단으로 접을 수 있는 우산까지, 색깔도 모양도 다양한 우산이 열 개도 넘게 있어요.

분실물 상자 안을 살펴보던 현수가 소리쳤어요.

"우와, 여기 있었네!"

현수는 솜이 도톰하게 들어간 패딩 조끼를 들어 올렸어요.

"그거 네 거야?"

"응. 우리 엄마가 사 준 거야. 드디어 찾았다!"

현수는 정말 기뻐했어요.

병아리 무늬가 있는 우산 손잡이에는 '이지은'이라고 쓰여 있었어요. 지은이의 얼굴에 웃음꽃이 그려졌어요. 며칠 전 지은이가 잃어버린 우산을 찾다가 못 찾았거든요.

현수와 지은이는 자기 물건을 찾아 기분이 좋은지 싱글벙글 웃었어요.

시은이도 빨리 방울끈을 찾고 싶었어요. 하지만 학교 복도와 현관까지 다 살펴봤지만 방울끈은 보이지 않았어요. 할 수 없이 모두 교실로 돌아왔어요.

자리에 앉은 현수가 방금 찾아온 패딩 조끼를 입었어요.

선생님이 현수에게 말했어요.

"현수는 조끼 찾아서 좋겠네?"

"네, 엄마가 초등학교 간다고 사 주신 거예요."

"엄마가 선물해 주신 거구나."

우산을 찾은 지은이도 말했어요.

"제 우산은 저희 이모가 사 줬어요. 제가 이 우산 보고 예쁘다고 했거든요."

"이모의 선물이었구나."

"네, 저희 이모는 저한테 선물 많이 해 주시거든요."

선생님이 반 아이들에게 말했어요.

"여러분, 친구가 주는 것도 선물이지만 엄마 아빠나 이모가 사 주신 것들도 다 선물이에요. 선물을 준 사람은 선물 받은 사람이 그 물건을 오래오래 간직하고 잘 써 주길 바랄 거예요. 그렇지 않고 아무렇게나 두었다가 금세 잃어버리고,

그러고도 찾지 않으면 선물을 준 사람은 기분이 어떨까요?"

"속상해요."

"다시는 선물을 안 주고 싶어요."

아이들의 대답을 들은 선생님이 미소 지었어요.

"그래요. 우리가 물건을 소중하게 생각하지 않는 건 그 물건을 준 사람까지 소중하게 생각하지 않는 것이나 마찬가지예요. 그럼 물건을 준 사람은 화나고 속상할 거예요."

"맞아요. 우리 엄마도 보조 가방 한번만 더 잃어버리면 다시는 안 사 준다고 했어요."

찬기가 큰 소리로 말하자 아이들이 다시 웃음을 터뜨렸어요.

시은이는 엄마 아빠가 사 준 것들을 생각해 봤어요.

지금 쓰고 있는 학용품은 엄마랑 같이 마트에 갔을 때 산 것들이에요. 시은이가 직접 고른 것들이지만 계산은 엄마가 했지요. 엄마가 시은이에게 학용품을 선물해 준 것이나 마찬가지였어요.

와하하하

그동안 시은이는 소율이가 준 방울끈은 절대 잃어버리면 안 된다고 생각했어요. 하지만 엄마가 사 준 학용품은 잃어버려도 꼭 찾으려 하지 않았어요.

이 사실을 알면 엄마가 속상해하시겠죠? 채원이가 보람이에게 받은 수첩을 잃어버리고 찾으려 하지 않아서 보람이가 속상해한 것처럼 말이에요.

선생님이 다시 말했어요.

"시은이는 작은 방울끈 하나도 아주 소중하게 생각해요. 그건 친구를 생각하는 마음 때문이에요. 선생님 생각에는 혹시 방울끈을 못 찾게 되더라도 소율이는 시은이의 진심을 알아줄 것 같아요. 우리도 물건을 다룰 때는 그 물건을 준 사람을 함께 생각해야 해요. 그러면 물건 하나하나가 더 소중해질 거예요."

말을 마친 선생님이 돌아서서 칠판에 무언가를 썼어요.

잃어버린 물건에게 편지 쓰기

잃어버린

물건에게 편지

"이건 숙제."

선생님의 말에 아이들이 소리를 질렀어요.

"우우~!"

언제나처럼 선생님은 생긋 웃기만 했고요.

왜 자기 물건을 소중하게 생각해야 하나요?

초등학교에 들어가면 잘 챙겨야 할 내 물건이 많이 생겨요. 학교에서 공부하려면 꼭 필요한 것들이 많거든요. 이렇게 내 물건이 새로 생긴다는 건 참 기쁘고 설레는 일이에요.

하지만 내 물건을 함부로 다루는 친구도 있어요. 물건을 일부러 망가트리거나 아무렇게나 두어서 자주 잃어버리는 친구도 많죠. 잃어버리면 찾지도 않고요. 그런 친구들은 '그러면 좀 어때? 새것으로 사는 게 더 좋아.'라고 생각할지도 몰라요.

자기 물건은 물건 주인이 가장 소중히 여기고 아껴 주고 잃어버리지 않도록 조심해야 해요. 왜 그래야 할까요?

1. 내 물건은 내 책임이에요.

내 물건을 망가지지 않게 쓰고 잃어버리지 않게 잘 두는 것은 내가 할 일이에요. 내 이를 내가 닦고 내 숙제를 내 손으로 하는 것과 똑같은 일이죠. 내 이를 다른 사람이 닦아 주고 내 숙제를 다른 사람이 해 주지는 않잖아요.

내가 사용하는 물건이니 내가 애정을 담아서 쓰고 사용 후에는 다음에도 바로 찾아서 쓸 수 있게 잘 두어야 해요.

　내가 사용하는 물건인데 다른 가족이 아껴 주고 잃어버리지 않게 관리를 해 줄 수는 없으니까요.

2. 물건을 준 사람의 마음이 소중하기 때문이에요.

　내 물건은 누군가의 선물이에요. 엄마, 아빠, 할머니, 할아버지, 삼촌, 이모, 고모……. 누군가가 나를 사랑하는 마음을 담아 준 선물인 거죠.

　내 돈으로 샀다고요? 그 돈 역시 누군가에게서 받은 선물이에요. 그래서 선물 받은 물건을 함부로 쓰는 것은 선물을 준 사람의 마음까지 함부로 여기는 일인 거죠.

　나를 아끼고 사랑하는 마음으로 준 물건인데 내가 아무 데나 굴러다니게 두고 함부로 사용해서 망가트리거나 잃어버린 걸 선물 준 사람이 알면 마음이 어떨까요?

　아마 너무 속상하고 슬플 거예요. 그래서 선물을 받아서 쓰는 사람도 준 사람의 마음을 생각해서 아끼고 사랑하는 마음을 가져야 해요.

3. 물건을 함부로 쓰고 자꾸 잃어버리는 것은 낭비예요.

　지금 갖고 있는 물건을 사는 데는 돈이 들어요. 그런데 내가 함부로 쓰다가 망가트리고 잃어버리면 그 물건을 또다시 돈을 내고 사야 해요.

같은 물건을 또 사는 건 돈을 낭비하는 일이에요. 이렇게 돈을 낭비하다 보면 먹고 싶은 간식도 사 먹을 수 없고, 정말로 내가 필요한 곳에 돈을 쓸 수 없게 돼요.

　내 돈이 아닌 엄마, 아빠 돈으로 사면 된다고요? 엄마, 아빠의 돈은 우리 가족이 꼭 필요한 곳에 사용하기 위해 계획이 되어 있어요. 그래서 그 돈으로 무조건 내 물건만 살 수는 없답니다.

4. 물건을 계속 버리면 환경오염이 돼요.

　조금 망가졌거나 싫증이 났다는 이유로 잘 사용하던 물건을 쉽게 버리는 일을 반복하면 결국 지구는 물건 쓰레기로 가득 찰 거예요. 물건을 계속 사다 보면 필요 없어지는 물건들도 많아져서 지구 전체가 물건으로 꽉 차게 돼요. 그럼 나중에는 물건 때문에 사람이 살 곳이 사라질 수도 있어요.

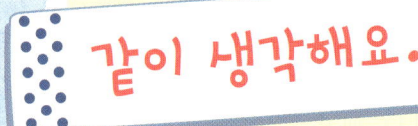

1. 재활용은 내가 사용하던 물건들을 손질해서 다시 이용할 수 있게 하는 환경을 지키는 일이에요. 내가 사용하는 물건 중에 재활용 마크가 있는 물건을 찾아 보세요. 어떤 것들이 있나요?

2. 나는 물건을 얼마나 잘 아끼고 잃어버리지 않는지에 대해 평가해 보세요. (색연필로 별을 색칠해 점수를 주세요. 5점 만점.)

☆☆☆☆☆

• 그렇게 평가한 이유 :

제4장

범인은 바로 너!

수업 시간 끝을 알리는 종소리가 울렸어요.

결국 곰돌이 방울끈은 찾지 못했어요. 그래도 시은이는 마음이 홀가분했어요. 반 아이들이 방울끈을 찾으려고 애써 준 게 고마웠거든요.

현수랑 지은이가 잃어버린 옷과 우산을 찾고 기뻐하는 모습도 보기 좋았고요.

보람이와 시은이의 자리로 채원이가 다가왔어요. 보람이가 준 수첩을 들고서요.

채원이는 약간 쭈뼛대더니 작은 목소리로 보람이에게 말했어요.

"보람아, 미안해. 이제 이 수첩 안 잃어버리고 잘 쓸게."

"아니야, 괜찮아."

보람이가 대답했어요.

보람이의 표정을 보니 정말 괜찮아 보였어요. 분실물 바구니 안에 있던 수첩을 채원이가 다시 찾아가서 마음이 많이 풀렸나 봐요.

학교가 끝나고 시은이는 집으로 돌아왔어요.

현관에 들어서자 호두가 꼬리를 흔들면서 시은이 어깨 높이까지 펄쩍 뛰었어요. 학교 갔다 올 때면 달려드는 호두 때문에 시은이가 뒤로 벌렁 넘어진 적도 있어요. 그래도 시은이는 호두가 정말 귀엽고 사랑스러워요.

시은이는 집에 돌아오면 호두랑 한참을 뒹굴며 놀아요. 엄마가 옷 갈아입고 씻으라고 잔소리할 때까지요.

아침부터 호두가 놀아 달라고 매달리면 조금 놀아 주기도 하지만 그러다가 지각할 뻔한 적도 많아요.

오늘도 호두랑 조금만 놀려다가 늦어져서 학교까지 마구 달려가야 했지요. 아무리 생각해도 그때 방울끈이 풀리면서 떨어진 것 같아요.

"오늘 어땠어? 재밌었니?"

엄마가 시은이를 보자마자 물었어요.

시은이는 엄마에게 소율이가 선물해 준 곰돌이 방울끈을 잃어버려서 반 아이들 모두 나가서 찾아 봤다는 이야기를 했어요.

"어머, 정말? 다들 고맙네."

엄마는 시은이를 꼭 안아 주었어요.

"우리 딸 많이 속상했지? 소율이가 준 방울끈 잃어버려서."

"처음에는 많이 속상했지만 지금은 괜찮아요. 선생님도 친구들도 그리고 엄마까지 제 마음을 알아줬으니까요."

많은 사람들이 시은이의 마음을 알아준 것 같아서, 시은이는 사실 조금 기뻤어요.

시은이는 엄마가 저녁을 준비하는 동안 오늘 선생님이 내준 '잃어버린 물건에게 편지 쓰기' 숙제부터 하기로 했어요.

당연히 곰돌이 방울끈에게 편지를 쓸 거예요.

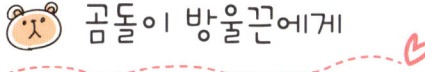 곰돌이 방울끈에게

안녕? 곰돌이 방울끈아.
넌 내 소중한 친구야.
늘 내 머리카락을 예쁘게 묶어 주고,
나랑 많은 추억을 쌓았으니까.
그런데 그렇게 소중한 네가 없어져서 난 정말 슬퍼.

곰돌이 방울끈아,
지금 어디 있니?
빨리 돌아와. 내가 더 잘해 줄게.

― 친구 시은이가

시은이는 곰돌이 방울끈에게 정성을 들여 편지를 썼어요.
그런 다음 시은이가 오기만을 기다린 호두랑 놀아 줬어요.
호두는 시은이가 작은 공을 던지면 뛰어가서 물어 오곤 해요. 호두는 삑삑 소리가 나는 닭 모양 인형도 좋아하고 작은 공도 좋아해요. 애벌레 인형을 껴안고 자는 호두는 정말 귀여워요.
그런데 호두는 뭐든지 자기 집으로 물고 가서 숨겨 놓는 버릇이 있어요.
호두의 집은 동그란 모양의

푹신한 방석이에요. 거기에는 그동안 호두가 숨겨 놓은 장난감이 가득해요.

저녁 준비를 하던 엄마가 말했어요.

"시은아, 호두 인형 좀 전부 꺼내 놔. 다 빨아야겠어."

호두는 장난감을 입으로 물면서 놀기 때문에 늘 깨끗하게 관리해 주어야 해요.

시은이는 호두의 집 안에서 장난감들을 모두 꺼냈어요. 늘 껴안고 자는 애벌레 인형이 나왔어요. 닭 인형도 나왔고요.

그런데 이건 뭘까요?

작고 귀여운 곰이 고무줄에 매달려 있네요.

맞아요! 바로 곰돌이 방울끈이에요!

이게 어떻게 된 일일까요?

시은이는 오늘 하루 종일 이 방울끈을 찾으려고 학교 곳곳을 헤매고 다녔어요. 시은이뿐만 아니라 반 아이들 모두 방울끈을 찾는다고 운동장도 수색하고 분실물 상자도 다 뒤졌잖아요.

그런데 이럴 수가!

시은이는 너무 깜짝 놀라 쿵, 하고 엉덩방아를 찧었어요.

시은이의 마음이 정말 간절했던 걸까요? 그래서 방울끈이 시은이 눈앞에 짠! 하고 나타나게 된 걸까요?

　시은이가 자기도 모르게 내지른 꺅 소리에 엄마가 달려 왔어요.

　"왜 그래, 시은아?"

　"엄마, 이것 좀 봐요."

 시은이는 곰돌이 방울끈을 들어 엄마에게 보여 줬어요.
엄마 눈이 휘둥그레졌어요.
 "시은아, 오늘 아침 학교 가기 전에 호두가 네 어깨에 올라

타고 놀지 않았니?"

맞아요. 오늘 아침에 그랬었죠.

그제야 시은이는 어떻게 된 일인지 깨달았어요.

오늘 아침 시은이가 학교 갈 준비를 마치고 현관을 나설 때 호두가 놀자고 달려들었어요. 그래서 호두를 안아 주고 놀았는데 그때 방울끈이 풀려서 떨어진 거예요.

그것도 모르고 시은이는 지각할까 봐 헐레벌떡 달려간 거고요. 호두는 버릇대로 폭신한 방울끈을 자기 집에 물고 가 숨긴 거죠. 어쩌면 새 장난감이 생겼다고 좋아했을지도 모르겠어요.

"호두, 너 때문에!"

시은이는 야단치는 척하면서 호두의 머리를 쓰다듬었어요. 안 그러려고 했는데 시은이의 입에서 웃음이 터져 나왔어요. 정말로 찾고 싶었던 물건을 이런 식으로 찾게 될 줄 몰랐거든요.

한편으로는 걱정도 됐지요.

내일 곰돌이 방울끈으로 머리카락을 묶고 학교에 가면 아이들이 뭐라고 할까요? 보람이가 제일 어이없어 하지 않을까요? 선생님은 또 뭐라고 하실까요? 아무래도 사실대로 말해야겠죠?

소율이에게 곰돌이 방울끈을 선물 받았을 때처럼 시은이는 다시 기쁘기도 하고 좀 쑥스럽기도 했어요.

그나저나 곰돌이 방울끈에게 다시 편지를 써야겠어요.

곰돌이 방울끈아! 다시 돌아와 줘서 정말 고마워!

이렇게요.

함께 쓰는 물건도 소중하게 사용해요

혼자만 쓰는 내 물건도 있지만 여럿이 함께 쓰는 물건도 있어요. 교실의 책상이나 도서관의 책들, 급식실의 식판이나 의자 같은 것들은 여럿이 함께 쓰는 물건이에요.

이런 물건은 더 소중하게 다뤄야 해요. 내 것이 아니라고 함부로 쓰거나 '누가 그랬는지 모르겠지?'라는 마음으로 망가트린다면 다른 사람이 제대로 쓰지 못할 거예요. 그 물건을 언젠가 내가 다시 쓸 수 있거든요. 그럼 내게도 손해잖아요.

함께 사용하는 물건은 무엇이 있는지, 그리고 그 물건들은 어떻게 사용해야 하는지 알아볼까요?

교실 책상과 의자

교실의 책상과 의자는 지금은 내가 쓰고 있지만 자리를 바꾸면 다른 친구가 사용하게 돼요. 학년이 올라가면 후배 동생들의 것이 되고요.

– 책상과 의자에 낙서하면 안 돼요.
– 책상과 의자를 일부러 망가트리면 안 돼요.

- 책상에 올라가면 안 돼요. 책상이 더러워지거나 망가질 수 있어요.
- 의자는 항상 제자리에 두어야 해요.
- 책상 서랍은 잘 정돈하고 자리를 바꿀 땐 깨끗이 비워요.

사물함

사물함은 학년이 바뀌면 후배 동생들이 쓰게 돼요.
- 사물함 안에 있는 물건은 정리정돈을 잘 해 두어요.
- 사물함 문을 쾅쾅 여닫지 않아요.
- 사물함에 낙서하지 않아요.
- 사물함 안에 과자나 빵 등 먹을 것을 넣어 두지 않아요.

교실이나 도서관의 책

학급 문고나 도서관의 책은 여럿이 함께 보는 책이에요.
- 책에 낙서하지 않아요.
- 책 귀퉁이를 접거나 책장을 찢으면 안 돼요. 그렇게 하면 다음에 이 책을 빌려 보는 친구가 책을 제대로 읽을 수 없어요.
- 서가에서 책을 꺼내 본 뒤에는 반드시 제자리에 두어요. 그래야 다른 친구들이 이 책을 찾기 쉽겠죠?
- 책을 보면서 음식을 먹으면 안 돼요. 먹다 흘린 음식이 책에 묻으면 금방 더러워질 거예요.

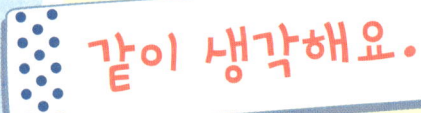 같이 생각해요.

내가 아끼는 물건에게 편지를 써 보아요.

나도 이제 초등학생

OX 퀴즈

왜 내 물건을 잘 챙겨야 하는지 이제 알았나요?
그럼 물건을 잃어버리지 않도록 노력해야겠죠?
그렇다면 마지막 관문!
OX 퀴즈를 풀고 내 마음을 점검해 봐요.

맞는 답에 색칠하세요!

연필을 잃어버렸으니 새로 사야 할까요?

 네, 찾는 건 귀찮아요.

 아니요, 우선 내 방이나 교실 책상 서랍을 찾아 봐요.

필통에 연필은 3자루나 4자루, 지우개, 가위, 자 등 필요한 것만 넣어서 다녀야 할까요?

 네, 사용하지 않으면서 많이 갖고 다니면 잃어버리기 쉬워요.

 아니요, 친구들한테 자랑하고 싶으니깐 많이 갖고 다녀요.

보조 가방을 던지고 놀아도 될까요?

 네, 이게 얼마나 재 있는데요.
 아니요, 던지고 놀다 보면 망가지고 말 거예요.

내 물건에 이름표를 붙여 두는 게 좋을까요?

 네, 이름표를 붙여 두면 잃어버렸어도 찾기 쉬워요.
 아니요, 이름표를 붙이는 건 귀찮으니까 그냥 가지고 다니는 게 좋아요.

지우개를 깎아서 조각품을 만들어도 될까요?

 네, 지우개는 또 사면 돼요.
 아니요, 지우개는 틀린 글씨를 지울 때 사용하는 거예요.

운동화 뒤축을 꺾어서 신어도 될까요?

 네, 그게 신고 벗을 때 더 편해요.
 아니요, 그럼 신발이 빨리 망가져서 또 사야 해요.